TOUT PETITS
cannelés & financiers

LES RECETTES D'ORATHAY

photographies de Frédéric Lucano
stylisme de Sonia Lucano

LES PETITS PLATS
MARABOUT
ORIGINAUX & AUTHENTIQUES
DEPUIS L'AN 2000

CARNET PRATIQUE

ingrédients financiers
page 4

ingrédients cannelés
page 5
conseils cannelés

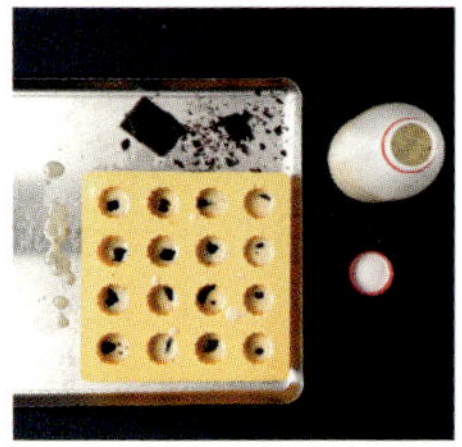

page 6

conseils financiers
page 8

MINI CANNELÉS LES RECETTES

bordelais
page 10

chocolat
page 12

pistache
page 14

réglisse
page 16

pomme-cannelle
page 18

agrumes-gingembre
page 20

banane-épices
page 22

nutella
page 24

très crémeux
page 26

praliné
page 28

cœur coco
page 30

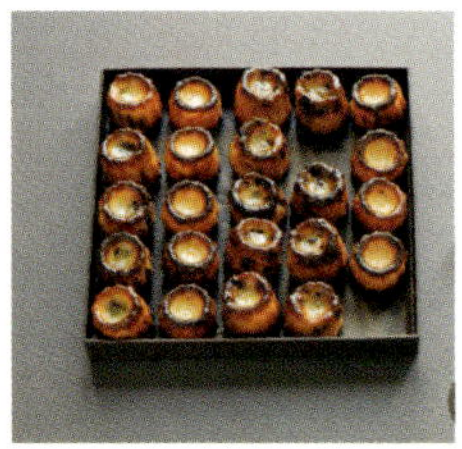

avec alcool
page 32

du goûter
page 34

MINI FINANCIERS LES RECETTES

amande-vanille
page 36

noisette
page 38

chocolat noir
page 40

café
page 42

marbré
page 44

pralin-gavottes
page 46

pistache
page 48

mendiant
page 50

fruits rouges
page 52

orange-pavot
page 54

myrtilles-citron
page 56

pignons-fleur d'oranger page 58

confiture
page 60

abricot-huile d'olive
page 62

CAFÉS GOURMANDS

la collec tout choco
page 64

japanease tea time
page 66

comme des bonbons
page 68

marie-antoinette
page 70

FINANCIERS

LES INGRÉDIENTS DE BASE

Les ingrédients de base des financiers sont extrêmement simples et peu onéreux. Vous ferez la différence grâce à un beurre et des gousses de vanille de bonne qualité.

1- SUCRE GLACE

2- FARINE BLANCHE : on utilise traditionnellement la farine blanche, mais vous pouvez personnaliser vos financiers en utilisant une farine complète ou semi-complète, de la farine de châtaigne ou encore une farine de céréales (kamut, quinoa...).

3- POUDRE D'AMANDES : préférez une poudre d'amandes fine ou extra-fine, pour limiter les gros grains lors du passage au tamis. Une fois le paquet ouvert, veillez à la consommer rapidement car l'amande rancit vite. Vous pouvez la remplacer par de la poudre de noisettes ou de pistaches, ou faire moitié-moitié. Le goût sera plus subtil. Pour encore plus de saveur, passez la poudre 10 minutes au four à 160 °C.

4- BLANCS D'ŒUFS : sortez les œufs 1 à 2 heures à l'avance pour qu'ils soient à température ambiante. Les blancs se conservent une semaine au réfrigérateur.

5- BEURRE : la qualité du beurre fait la qualité de la pâtisserie. Prenez si vous le pouvez un beurre des Charentes (AOC) ou encore un beurre au lait cru (non pasteurisé). Vous pouvez également remplacer le beurre doux par du beurre demi-sel.

6- GOUSSES DE VANILLE : elles doivent être brillantes, souples, bien charnues et d'une bonne longueur (plus de 16 cm). Sachez que la vanille se congèle très bien. C'est d'ailleurs le moyen le plus efficace de la conserver. Il n'est pas nécessaire de la sortir à l'avance, elle se fend aisément même gelée.

CANNELÉS

LES INGRÉDIENTS DE BASE

1- SUCRE : c'est le sucre blanc qui est traditionnellement utilisé pour cette recette. Mais en variant les sucres, vous donnerez une petite note subtile à vos cannelés. Le sucre roux se marie parfaitement avec le rhum et le sucre muscovado donnera un arrière-goût de réglisse. Vergeoise, rapadura, mélasse, laissez-vous tenter !

2- GOUSSES DE VANILLE : comme pour le financier, s'il y a un ingrédient sur lequel il ne faut pas lésiner, c'est la vanille. Choisissez-la selon les critères mentionnés ci-contre et n'hésitez pas à mettre 2 gousses dans la préparation.

3- FARINE : la farine blanche est la plus appropriée. Mais rien ne vous empêche d'utiliser une farine de riz ou une fécule (Maïzena...) pour plus de légèreté. Avec la farine de sarrasin, complète ou de châtaigne, le cannelé sera plus dense.

4- LAIT : c'est l'ingrédient principal de la recette. N'hésitez pas, prenez un lait frais entier. À peine plus riche en calories qu'un demi-écrémé (63 kcal pour 100 ml contre 46), il fera la différence au niveau du goût. Comme pour la farine ou le sucre, vous pouvez décliner les laits de soja, d'amande, et pourquoi pas de brebis !

5- RHUM BRUN AGRICOLE : c'est l'ingrédient qui fait le goût si caractéristique des cannelés. La marque la plus courante est le rhum Negrita Bardinet®. Il n'est pas utile d'acheter un rhum cher. En revanche, selon vos goûts, vous pouvez augmenter la quantité. Vous pouvez également customiser vos cannelés en variant les alcools (calvados, whisky, cognac, Grand Marnier, Cointreau...).

6- BEURRE : dans les cannelés, le beurre aide essentiellement à la caramélisation. C'est lui qui va donner de la brillance et aider à avoir une jolie croûte dorée.

7- ŒUFS ET JAUNES D'ŒUFS : privilégiez les œufs extra-frais et pas trop gros. Les sortir 1 à 2 heures avant utilisation afin qu'ils soient à température ambiante.

CANNELÉS : ASTUCES ET CONSEILS

MOULE

• Il n'est pas nécessaire de beurrer les moules en silicone, excepté lors de la première utilisation.

• Transvasez l'appareil à cannelés dans une bouteille de lait ou d'eau. Le stockage au réfrigérateur sera plus simple et, surtout, vous remplirez plus facilement les alvéoles du moule.

• En remplissant les alvéoles, laissez un bord de 5 mm car les cannelés ont tendance à gonfler à la cuisson.

• Les cannelés se démoulent facilement en retournant simplement le moule alors qu'ils sont encore chauds. Si toutefois ils collent un petit peu, appliquez une légère pression sur le fond des alvéoles pour les aider à sortir.

• Pour nettoyer le moule, retournez complètement les alvéoles. Laissez tremper dans de l'eau savonneuse puis passez un coup d'éponge.

APPAREIL À CANNELÉS

• Si vous avez le temps, portez le lait et la vanille à ébullition puis laissez infuser 1 journée avant de l'utiliser dans l'appareil. Vous obtiendrez des cannelés encore plus parfumés.

• Laissez tiédir, voire refroidir, le lait parfumé avant de le verser sur le mélange œufs-farine. Vous risqueriez sinon de cuire l'œuf et d'obtenir une pâte grumeleuse.

• Pendant la longue cuisson des cannelés, les arômes ont tendance à s'estomper : n'hésitez pas à bien parfumer l'appareil (rhum, vanille, café, épices…).

CUISSON

• La surface visible est toujours plus colorée que la surface protégée. Il est donc normal que la base soit plus caramélisée que ce que l'on souhaiterait.

• On peut également jouer sur les temps de cuisson pour avoir une croûte plus ou moins croquante. Il ne faut cependant pas descendre en dessous de 30-35 minutes, au risque de voir les cannelés s'écrouler.

• Concernant la caramélisation, c'est au goût de chacun. Il faut juste faire attention avec les ingrédients qui risquent d'apporter beaucoup d'amertume s'ils sont trop cuits (notamment le chocolat).

• Quoi qu'il en soit, sachez que les cannelés nature cuisent un tout petit peu plus longtemps que les cannelés parfumés. Comptez quelques minutes de plus.

CONSERVATION

• La pâte crue peut se conserver 3 jours au réfrigérateur.

• Le cannelé doit se manger le jour même, légèrement tiède, ou froid lorsque la croûte est croustillante. Il ne présente plus aucun intérêt le lendemain. Si toutefois il vous en reste, réchauffez-les 5 minutes à 200 °C. Mais c'est moins bon !

OPTIONS GOURMANDES

• Mettez-leur un chapeau : garnissez le petit creux des cannelés de sauces, crèmes ou petits jus qui boosteront les arômes de la recette et apporteront une nouvelle texture.

• Vous pouvez aussi les fourrer (avec 1 carré de chocolat ou 1 petit morceau de fruit par exemple), pour des cannelés surprise.

FINANCIERS : ASTUCES ET CONSEILS

BEURRE NOISETTE

• Le beurre noisette peut être réalisé à l'avance.

• Faites chauffer le beurre dans une casserole jusqu'à ce qu'il brunisse. Filtrez-le pour retirer toutes les petites particules noircies, et réservez-le à température ambiante ou au frais.

• Il va se figer. Il suffira alors de le réchauffer au micro-ondes avant de commencer la recette.

APPAREIL À FINANCIERS

• Il ne faut pas trop fouetter l'appareil car plus on le fouette, plus les financiers auront tendance à être secs. Arrêtez dès que les éléments sont incorporés.

MOULE

• Il n'est pas nécessaire de beurrer le moule en silicone, excepté lors de la première utilisation.

• Pour remplir proprement les alvéoles du moule, il est préférable d'utiliser une poche à douille. Et pour remplir proprement la poche, placez-la dans un grand verre ou un verre doseur, puis versez l'appareil. Vous pourrez ainsi conserver la poche (coupée ou non) dans le verre, au réfrigérateur.

• À défaut, utilisez une petite cuillère, mais veillez à ne pas laisser de pâte sur les bords du moule.

• Il faut remplir les alvéoles presque sur leur hauteur (environ 90 %).

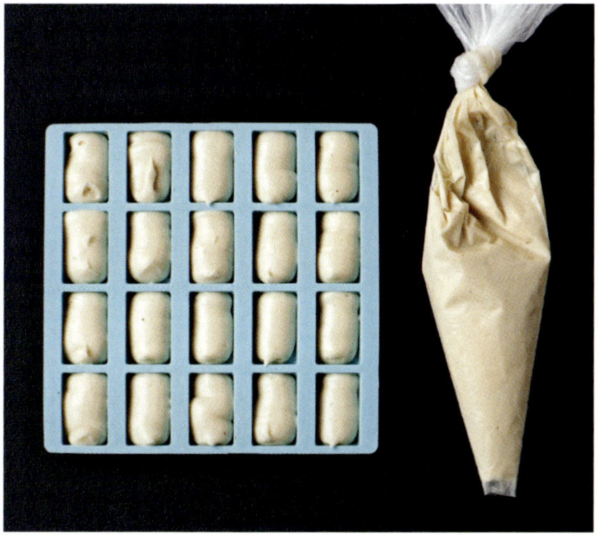

CUISSON

• Pour des financiers bien gonflés, laissez reposer la pâte au frais. Enfournez ensuite directement sur la grille dans le four préchauffé. Le choc thermique fera lever la pâte, un peu comme pour les madeleines. En revanche, si vous garnissez les financiers (financiers mendiants par exemple), il est préférable que la pâte ne gonfle pas trop. Utilisez-la donc dès qu'elle est prête, sans la faire reposer.

• Pour les financiers colorés (pistaches, violettes...), stoppez la cuisson dès que les bords commencent à dorer. Pour ceux au chocolat, sortez-les du four dès que la surface n'est plus collante. Pour les autres, ils doivent être bien dorés.

CONSERVATION

• L'appareil à financiers peut se conserver 3 jours au frais.

• Les financiers cuits se congèlent très bien. Vous pouvez en préparer à l'avance et les sortir le jour même, soit pour les garnir et en faire des mini desserts, soit pour les consommer tels quels.

OPTIONS GOURMANDES

• N'hésitez pas à ajouter quelques gouttes de colorant alimentaire dans la pâte pour des financiers fantaisie (en harmonie avec les parfum de la recette).

• Vous pouvez customiser vos financiers en les décorant (billes de chocolat, biscuits émiettés, fruits secs...), ou même en les glaçant (petit plongeon dans un glaçage au chocolat par exemple).

LE CANNELÉ BORDELAIS

POUR ENVIRON 10 CANNELÉS DE 5,5 CM DE DIAMÈTRE (MOULES EN CUIVRE) – PRÉPARATION 15 MINUTES – CUISSON 1 HEURE 15 – REPOS 1 NUIT

L'ORIGINAL

25 cl de lait entier, 1 œuf + 1 jaune, 50 g de farine
25 g de beurre, 125 g de sucre, 1 gousse de vanille,
5 cl de rhum brun agricole

LE LAIT

1. Porter à ébullition le lait, le beurre et la gousse de vanille fendue en deux et grattée. Laisser tiédir.

LA PÂTE

2. Dans un saladier, mélanger la farine et le sucre. Creuser un puits et ajouter l'œuf entier, le jaune d'œuf et le rhum. Mélanger énergiquement avec un fouet.

3. Verser ensuite le lait filtré. Mélanger pour obtenir un appareil homogène, sans grumeaux, comme une pâte à crêpes.

4. Transvaser la pâte dans une bouteille et laisser reposer 24 heures au réfrigérateur.

CUISSON

5. Le lendemain, préchauffer le four à 210 °C. Sortir la bouteille de pâte et la secouer pour homogénéiser.

6. Beurrer généreusement les moules et les poser sur une plaque de cuisson. Les remplir d'appareil en prenant soin de laisser un bord de 5 mm.

7. Enfourner pour environ 1 heure 15. Laisser 5 à 10 minutes de plus pour une cuisson plus caramélisée. Démouler les cannelés encore chauds et les laisser refroidir sur une grille. Déguster le jour même à température ambiante.

POUR ENVIRON 20 MINI CANNELÉS – PRÉPARATION 15 MINUTES – CUISSON 40-45 MINUTES – REPOS 1 NUIT

LE MINI

25 cl de lait entier, 1 œuf + 1 jaune, 50 g de farine
25 g de beurre, 125 g de sucre, 1 gousse de vanille,
5 cl de rhum brun agricole

LA RECETTE EN PETIT

Le procédé de la recette est exactement le même que pour le cannelé original. Suivre les étapes jusqu'au moment de secouer la pâte, avant la cuisson.

Utiliser ensuite un moule à empreintes en silicone, qu'il ne sera pas nécessaire de graisser, si ce n'est lors de la première utilisation. Verser la pâte dans les alvéoles en prenant soin de laisser un bord de 5 mm.

Enfourner pour 40-45 minutes. Laisser 5 à 10 minutes de plus pour une cuisson plus caramélisée.

S'il reste des cannelés, les conserver dans une boîte hermétique et les réchauffer dans un four chaud 5 minutes à 200 °C pour qu'ils retrouvent leur croustillant.

POUR ENVIRON 20 MINI CANNELÉS — PRÉPARATION 15 MINUTES — CUISSON 40-45 MINUTES — REPOS 1 NUIT

CHOCOLAT

25 cl de lait entier
1 œuf + 1 jaune
45 g de farine
25 g de beurre
110 g de sucre
1 gousse de vanille
40 g de chocolat noir
10 g de cacao en poudre
2 cl de rhum brun agricole
ou de whisky (facultatif)

LE LAIT

1. Porter à ébullition le lait, le beurre, le cacao et la gousse de vanille fendue en deux et grattée. Mélanger au fouet afin de délayer le cacao.
2. Retirer du feu, enlever la gousse et ajouter le chocolat grossièrement haché. Laisser reposer 2 minutes le temps que le chocolat fonde puis mélanger doucement au fouet. Laisser tiédir.

LA PÂTE

3. Dans un saladier, mélanger la farine et le sucre. Creuser un puits et ajouter l'œuf entier, le jaune d'œuf et l'alcool. Mélanger énergiquement avec un fouet.
4. Verser ensuite le lait au chocolat. Mélanger à nouveau de façon à obtenir un appareil homogène, sans grumeaux, comme une pâte à crêpes.
5. Transvaser la pâte dans une bouteille et laisser reposer 24 heures au réfrigérateur.

CUISSON

6. Le lendemain, préchauffer le four à 210 °C. Sortir la bouteille de pâte et la secouer pour homogénéiser. Poser le moule en silicone sur une plaque de cuisson et remplir les alvéoles d'appareil en prenant soin de laisser un bord de 5 mm.
7. Enfourner pour environ 40-45 minutes. Démouler les cannelés encore chauds et les laisser refroidir sur une grille. Déguster le jour même à température ambiante.

Il est préférable de ne pas trop faire caraméliser les cannelés au chocolat car ils deviennent vite amers.

POUR ENVIRON 20 MINI CANNELÉS — PRÉPARATION 15 MINUTES — CUISSON 40-45 MINUTES — REPOS 1 NUIT

PISTACHE

25 cl de lait entier
1 œuf + 1 jaune
50 g de farine
25 g de beurre
125 g de sucre
1 cuillère à soupe de pâte de pistaches (dans les épiceries spécialisées ou sur Internet)
2 cl de rhum brun agricole (facultatif)

LE LAIT

1. Porter à ébullition le lait et le beurre.

2. Retirer du feu et délayer la pâte de pistaches dans le lait à l'aide d'un fouet. Laisser tiédir.

LA PÂTE

3. Dans un saladier, mélanger la farine et le sucre. Creuser un puits et ajouter l'œuf entier, le jaune d'œuf et le rhum. Mélanger énergiquement avec un fouet.

4. Verser ensuite le lait. Mélanger à nouveau de façon à obtenir un appareil homogène, sans grumeaux, comme une pâte à crêpes. Goûter et rajouter de la pâte de pistaches si nécessaire.

5. Transvaser la pâte dans une bouteille et laisser reposer 24 heures au réfrigérateur.

CUISSON

6. Le lendemain, préchauffer le four à 210 °C. Sortir la bouteille de pâte et la secouer pour homogénéiser. Poser le moule en silicone sur une plaque de cuisson et remplir les alvéoles d'appareil à cannelés en prenant soin de laisser un bord de 5 mm.

7. Enfourner pour environ 40-45 minutes. Laisser 5 à 10 minutes de plus pour une cuisson plus caramélisée. Démouler les cannelés encore chauds et les laisser refroidir sur une grille. Déguster le jour même à température ambiante.

POUR ENVIRON 20 MINI CANNELÉS — PRÉPARATION 15 MINUTES — CUISSON 40-45 MINUTES — REPOS 1 NUIT

RÉGLISSE

25 cl de lait entier
1 œuf + 1 jaune
50 g de farine
25 g de beurre
125 g de cassonade
2 cuillères à café de poudre de réglisse (dans les épiceries spécialisées, les magasins bio ou sur Internet)

LE LAIT

1. Porter à ébullition le lait et le beurre.

2. Retirer du feu et délayer la poudre de réglisse dans le lait à l'aide d'un fouet. Laisser tiédir.

LA PÂTE

3. Dans un saladier, mélanger la farine et la cassonade. Creuser un puits et ajouter l'œuf entier et le jaune d'œuf. Mélanger énergiquement avec un fouet.

4. Verser ensuite le lait. Mélanger à nouveau de façon à obtenir un appareil homogène, sans grumeaux, comme une pâte à crêpes. Goûter et rajouter de la poudre de réglisse si nécessaire.

5. Transvaser la pâte dans une bouteille et laisser reposer 24 heures au réfrigérateur.

CUISSON

6. Le lendemain, préchauffer le four à 210 °C. Sortir la bouteille de pâte et la secouer pour homogénéiser. Poser le moule en silicone sur une plaque de cuisson et remplir les alvéoles d'appareil en prenant soin de laisser un bord de 5 mm.

7. Enfourner pour environ 40-45 minutes. Laisser 5 à 10 minutes de plus pour une cuisson plus caramélisée. Démouler les cannelés encore chauds et les laisser refroidir sur une grille. Déguster le jour même à température ambiante.

Pour renforcer le goût de la réglisse, remplacer la cassonade par du sucre muscovado.

POUR ENVIRON 20 MINI CANNELÉS — PRÉPARATION 15 MINUTES — CUISSON 40-45 MINUTES — REPOS 1 NUIT

PRALINÉ

25 cl de lait entier
1 œuf + 1 jaune
50 g de farine
25 g de beurre
80 g de sucre
150 g de pâte de praliné
(dans les épiceries spécialisées,
chez le pâtissier ou sur Internet)
1 gousse de vanille

LE LAIT

1. Porter à ébullition le lait, le beurre et la gousse de vanille fendue en deux et grattée.

2. Retirer du feu, filtrer le lait et délayer le praliné. Laisser tiédir.

LA PÂTE

3. Dans un saladier, mélanger la farine et le sucre. Creuser un puits et ajouter l'œuf entier et le jaune d'œuf. Mélanger énergiquement avec un fouet.

4. Verser ensuite le lait praliné. Mélanger à nouveau de façon à obtenir un appareil homogène, sans grumeaux, comme une pâte à crêpes.

5. Transvaser la pâte dans une bouteille et laisser reposer 24 heures au réfrigérateur.

CUISSON

6. Le lendemain, préchauffer le four à 210 °C. Sortir la bouteille de pâte et la secouer pour homogénéiser. Poser le moule en silicone sur une plaque de cuisson et remplir les alvéoles d'appareil en prenant soin de laisser un bord de 5 mm.

7. Enfourner pour environ 40-45 minutes. Démouler les cannelés encore chauds et les laisser refroidir sur une grille.

OPTION GOURMANDE : renforcer le goût du praliné en ajoutant un peu de Pralinoise (tablette de chocolat à cuisiner) fondu dans le creux des cannelés juste avant de déguster.

POUR ENVIRON 20 MINI CANNELÉS — PRÉPARATION 15 MINUTES — CUISSON 40-45 MINUTES — REPOS 1 NUIT

POMME-CANNELLE

25 cl de lait entier
1 œuf + 1 jaune
50 g de farine
25 g + 15 g de beurre
125 g de sucre
1 gousse de vanille
1 pomme type reine des reinettes (150 g)
1 cuillère à café de cannelle en poudre
3 cl de rhum brun agricole
ou de calvados

LE LAIT

1. Porter à ébullition le lait, 25 g de beurre et la gousse de vanille fendue en deux et grattée. Laisser tiédir.

LA PÂTE

2. Dans un saladier, mélanger la farine et le sucre. Creuser un puits et ajouter l'œuf entier, le jaune d'œuf et l'alcool de son choix. Mélanger énergiquement avec un fouet.

3. Verser ensuite le lait filtré. Mélanger à nouveau de façon à obtenir un appareil homogène, sans grumeaux, comme une pâte à crêpes.

4. Transvaser la pâte dans une bouteille et laisser reposer 24 heures au réfrigérateur.

CUISSON

5. Le lendemain, préchauffer le four à 210 °C.

6. Éplucher et couper la pomme en dés d'environ 1 x 1 cm. Chauffer une poêle, ajouter 15 g de beurre et faire dorer les dés de pomme avec la cannelle.

7. Sortir la bouteille de pâte et la secouer pour homogénéiser. Poser le moule en silicone sur une plaque de cuisson et répartir les dés de pomme dans les alvéoles. Remplir ensuite d'appareil à cannelés en prenant soin de laisser un bord de 5 mm.

8. Enfourner pour environ 40-45 minutes. Laisser 5 à 10 minutes de plus pour une cuisson plus caramélisée. Démouler les cannelés encore chauds et les laisser refroidir sur une grille. Déguster le jour même à température ambiante.

POUR ENVIRON 20 MINI CANNELÉS — PRÉPARATION 15 MINUTES — CUISSON 40-45 MINUTES — REPOS 1 NUIT

AGRUMES-GINGEMBRE

25 cl de lait entier
1 œuf + 1 jaune
50 g de farine
25 g de beurre
125 g de sucre
1 gousse de vanille
15 g de gingembre
1 orange non traitée
½ pamplemousse rose

LE LAIT

1. Porter à ébullition le lait, le beurre, le gingembre pelé et râpé finement et la gousse de vanille fendue en deux et grattée. Laisser tiédir.

LA PÂTE

2. Prélever le zeste de l'orange et du demi-pamplemousse, réserver. Presser ensuite le jus des agrumes, filtrer et faire réduire de moitié sur feu doux. Réserver.

3. Dans un saladier, mélanger la farine et le sucre. Creuser un puits et ajouter l'œuf entier, le jaune d'œuf et le jus réduit ainsi que les zestes d'agrumes. Mélanger énergiquement avec un fouet.

4. Verser ensuite le lait filtré. Mélanger à nouveau de façon à obtenir un appareil homogène, sans grumeaux, comme une pâte à crêpes.

5. Transvaser la pâte dans une bouteille et laisser reposer 24 heures au réfrigérateur.

CUISSON

6. Le lendemain, préchauffer le four à 210 °C. Sortir la bouteille de pâte et la secouer pour homogénéiser. Poser le moule en silicone sur une plaque de cuisson et remplir les alvéoles d'appareil en prenant soin de laisser un bord de 5 mm.

7. Enfourner pour environ 40-45 minutes. Laisser 5 à 10 minutes de plus pour une cuisson plus caramélisée. Démouler les cannelés encore chauds et les laisser refroidir sur une grille.

POUR ENVIRON 20 MINI CANNELÉS — PRÉPARATION 15 MINUTES — CUISSON 40-45 MINUTES — REPOS 1 NUIT

BANANE-ÉPICES

25 cl de lait entier
1 œuf + 1 jaune
50 g de farine
25 g de beurre
110 g de sucre ou de cassonade
1 grosse banane mûre (170 g)
1 étoile de badiane
1 cuillère à café de cannelle en poudre
½ cuillère à café de noix de muscade râpée
2 cl de rhum brun agricole

LE LAIT

1. Écraser la banane avec une fourchette.

2. Porter à ébullition le lait, les épices et le beurre. Retirer l'étoile de badiane et ajouter la banane. Mélanger, puis laisser tiédir.

LA PÂTE

3. Dans un saladier, mélanger la farine et le sucre. Creuser un puits et ajouter l'œuf entier, le jaune d'œuf et le rhum. Fouetter énergiquement.

4. Verser ensuite le lait à la banane et mélanger à nouveau énergiquement.

5. Transvaser la pâte dans une bouteille et laisser reposer 24 heures au réfrigérateur.

CUISSON

6. Le lendemain, préchauffer le four à 210 °C. Sortir la bouteille de pâte et la secouer pour homogénéiser. Poser le moule en silicone sur une plaque de cuisson et remplir les alvéoles d'appareil en prenant soin de laisser un bord de 5 mm.

7. Enfourner pour environ 40-45 minutes. Laisser 5 à 10 minutes de plus pour une cuisson plus caramélisée. Démouler les cannelés encore chauds et les laisser refroidir sur une grille.

POUR ENVIRON 20 MINI CANNELÉS — PRÉPARATION 15 MINUTES — CUISSON 40-45 MINUTES — REPOS 1 NUIT

NUTELLA

25 cl de lait entier
1 œuf + 1 jaune
50 g de farine
25 g de beurre
80 g de sucre
125 g de Nutella

LE LAIT

1. Porter à ébullition le lait et le beurre.
2. Retirer du feu et délayer le Nutella au fouet. Laisser tiédir.

LA PÂTE

3. Dans un saladier, mélanger la farine et le sucre. Creuser un puits et ajouter l'œuf entier et le jaune d'œuf. Mélanger énergiquement avec un fouet.
4. Verser ensuite le lait au Nutella. Mélanger à nouveau de façon à obtenir un appareil homogène, sans grumeaux, comme une pâte à crêpes.
5. Transvaser la pâte dans une bouteille et laisser reposer 24 heures au réfrigérateur.

CUISSON

6. Le lendemain, préchauffer le four à 210 °C. Sortir la bouteille de pâte et la secouer pour homogénéiser. Poser le moule en silicone sur une plaque de cuisson et remplir les alvéoles d'appareil en prenant soin de laisser un bord de 5 mm.
7. Enfourner pour environ 40-45 minutes. Démouler les cannelés encore chauds et les laisser refroidir sur une grille.

OPTION GOURMANDE : déposer une pichenette de Nutella dans le creux des cannelés tièdes ou froids. Déguster sans plus attendre.

CŒUR COCO

POUR ENVIRON 20 MINI CANNELÉS – PRÉPARATION 15 MINUTES – CUISSON 40-45 MINUTES – REPOS 1 NUIT

COCO-CARAMBAR

25 cl de lait de coco, 1 œuf + 1 jaune, 40 g de farine, 30 g de noix de coco râpée, 25 g de beurre, 125 g de sucre ou de cassonade, 10 Carambar

1. Porter à ébullition le lait de coco et le beurre. Laisser tiédir.

2. Mélanger la farine, le sucre et la noix de coco râpée. Creuser un puits et ajouter les œufs. Fouetter énergiquement. Verser le lait de coco. Mélanger afin d'obtenir un appareil homogène. Transvaser la pâte dans une bouteille et laisser reposer 24 heures au frais.

3. Le lendemain, préchauffer le four à 210 °C. Couper les Carambar en deux et les tordre pour qu'ils rentrent dans les alvéoles.

4. Sortir la bouteille de pâte et la secouer. Poser le moule sur une plaque et répartir les Carambar, puis remplir les alvéoles d'appareil en laissant un bord de 5 mm. Enfourner pour environ 40-45 minutes. Démouler les cannelés encore chauds et les laisser refroidir sur une grille.

POUR ENVIRON 20 MINI CANNELÉS – PRÉPARATION 15 MINUTES – CUISSON 40-45 MINUTES – REPOS 1 NUIT

COCO-ANANAS

25 cl de lait de coco, 1 œuf + 1 jaune, 50 g de farine, 25 g de beurre, 125 g de sucre ou de cassonade, 3 tranches d'ananas en boîte, 1 gousse de vanille, 5 cl de rhum brun agricole

1. Porter à ébullition le lait de coco, le beurre et la gousse de vanille fendue en deux et grattée. Laisser tiédir.

2. Mélanger la farine et le sucre. Creuser un puits et ajouter les œufs et le rhum. Fouetter énergiquement. Verser le lait de coco filtré. Mélanger afin d'obtenir un appareil homogène. Transvaser la pâte dans une bouteille et laisser reposer au frais 24 heures.

3. Le lendemain, préchauffer le four (210 °C). Couper l'ananas en dés.

4. Sortir la bouteille de pâte et la secouer. Poser le moule sur une plaque et répartir l'ananas dans les alvéoles. Remplir d'appareil en laissant un bord de 5 mm. Enfourner pour 40-45 minutes. Laisser 5 à 10 minutes de plus pour une cuisson plus caramélisée. Démouler les cannelés encore chauds et les laisser refroidir sur une grille.

POUR ENVIRON 20 MINI CANNELÉS – PRÉPARATION 15 MINUTES – CUISSON 40-45 MINUTES – REPOS 1 NUIT

COCO-CHOCO LAIT

25 cl de lait de coco, 1 œuf + 1 jaune, 50 g de farine, 25 g de beurre, 110 g de sucre, 1 gousse de vanille, 10 carrés de chocolat au lait

1. Porter à ébullition le lait de coco, le beurre et la gousse de vanille fendue en deux et grattée. Laisser tiédir.

2. Mélanger la farine et le sucre. Creuser un puits et ajouter les œufs. Fouetter énergiquement. Verser le lait de coco filtré. Mélanger afin d'obtenir un appareil homogène. Transvaser la pâte dans une bouteille et laisser reposer 24 heures au réfrigérateur.

3. Le lendemain, préchauffer le four à 210 °C. Couper les carrés de chocolat en deux.

4. Sortir la bouteille de pâte et la secouer. Poser le moule sur une plaque et répartir le chocolat dans les alvéoles. Remplir ensuite d'appareil en laissant un bord de 5 mm. Enfourner pour 40-45 minutes. Laisser 5 à 10 minutes de plus pour une cuisson plus caramélisée. Démouler les cannelés encore chauds et les laisser refroidir sur une grille.

TRÈS CRÉMEUX

POUR ENVIRON 20 MINI CANNELÉS – PRÉPARATION 15 MINUTES – CUISSON 40-45 MINUTES – REPOS 1 NUIT

CRÈME DE MARRONS

25 cl de lait entier, 1 œuf + 1 jaune, 50 g de farine, 25 g de beurre, 80 g de sucre, 150 g de crème de marrons, 1 gousse de vanille, 5 cl de rhum

1. Porter à ébullition le lait, le beurre et la gousse de vanille fendue en deux. Filtrer le lait et délayer la crème de marrons au fouet.

2. Mélanger la farine et le sucre. Creuser un puits et ajouter les œufs et le rhum. Fouetter énergiquement. Verser le lait à la crème de marrons et mélanger pour obtenir un appareil homogène. Transvaser dans une bouteille et laisser reposer 24 heures au frais.

3. Le lendemain, préchauffer le four à 210 °C. Sortir la bouteille de pâte et la secouer. Poser le moule sur une plaque et remplir les alvéoles en laissant un bord de 5 mm. Enfourner pour 40-45 minutes. Démouler les cannelés encore chauds et laisser refroidir.

OPTION GOURMANDE : de la crème de marrons dans le creux des cannelés.

POUR ENVIRON 20 MINI CANNELÉS – PRÉPARATION 15 MINUTES – CUISSON 40-45 MINUTES – REPOS 1 NUIT

SALIDOU

25 cl de lait entier, 1 œuf + 1 jaune, 50 g de farine, 10 g de beurre (facultatif), 70 g de sucre, 100 g de salidou, 1 gousse de vanille

1. Porter à ébullition le lait, le beurre si l'on en met et la gousse de vanille fendue en deux. Filtrer le lait et délayer la crème de salidou au fouet. Laisser tiédir.

2. Mélanger la farine et le sucre. Creuser un puits et ajouter les œufs. Fouetter énergiquement. Verser ensuite le lait au caramel. Mélanger afin d'obtenir un appareil homogène. Transvaser la pâte dans une bouteille et laisser reposer 24 heures au frais.

3. Le lendemain, préchauffer le four à 210 °C. Sortir la bouteille de pâte et la secouer. Poser le moule sur une plaque et remplir les alvéoles en laissant un bord de 5 mm. Enfourner pour 40-45 minutes. Laisser 5 à 10 minutes de plus pour une cuisson plus caramélisée. Démouler les cannelés encore chauds, laisser refroidir.

OPTION GOURMANDE : renforcer le goût du caramel en ajoutant de la crème de salidou dans le creux des cannelés.

POUR ENVIRON 20 MINI CANNELÉS – PRÉPARATION 15 MINUTES – CUISSON 40-45 MINUTES – REPOS 1 NUIT

CRÈME DE SPÉCULOOS

25 cl de lait entier, 1 œuf + 1 jaune, 50 g de farine, 25 g de beurre, 125 g de sucre, 125 g de crème de spéculoos

1. Porter à ébullition le lait et le beurre. Retirer du feu et délayer la crème de spéculoos au fouet. Laisser tiédir.

2. Mélanger la farine et le sucre. Creuser un puits et ajouter les œufs. Fouetter énergiquement. Verser ensuite le lait au spéculoos. Mélanger afin d'obtenir un appareil homogène. Transvaser la pâte dans une bouteille et laisser reposer 24 heures au frais.

3. Le lendemain, préchauffer le four à 210 °C. Sortir la bouteille de pâte et la secouer. Poser le moule sur une plaque et remplir les alvéoles en laissant un bord de 5 mm. Enfourner pour 40-45 minutes. Laisser 5 à 10 minutes de plus pour une cuisson plus caramélisée. Démouler les cannelés encore chauds, laisser refroidir.

OPTION GOURMANDE : du chocolat noir fondu dans le creux des cannelés.

AVEC ALCOOL

POUR ENVIRON 20 MINI CANNELÉS — PRÉPARATION 15 MINUTES — CUISSON 40-45 MINUTES — REPOS 1 NUIT

PRUNEAUX-ARMAGNAC

25 cl de lait entier, 1 œuf + 1 jaune, 50 g de farine, 25 g de beurre, 125 g de sucre, 10 pruneaux dénoyautés, 1 gousse de vanille, 10 cl d'armagnac

1. Faire tremper les pruneaux dans l'armagnac. Filmer, réserver.

2. Porter à ébullition le lait, le beurre et la gousse de vanille fendue en deux et grattée. Laisser tiédir.

3. Mélanger la farine et le sucre. Creuser un puits puis ajouter les œufs. Fouetter énergiquement. Verser le lait filtré. Mélanger afin d'obtenir un appareil homogène. Transvaser la pâte dans une bouteille et laisser reposer 24 heures au frais.

4. Le lendemain, préchauffer le four à 210 °C. Sortir la bouteille de pâte, y ajouter la moitié ou la totalité de l'armagnac des pruneaux puis secouer. Poser le moule sur une plaque et y répartir les pruneaux coupés en deux. Remplir les alvéoles d'appareil en laissant un bord de 5 mm. Enfourner pour 40-45 minutes. Laisser 5 à 10 minutes de plus pour une cuisson plus caramélisée.

POUR ENVIRON 20 MINI CANNELÉS — PRÉPARATION 15 MINUTES — CUISSON 40-45 MINUTES — REPOS 1 NUIT

RHUM-RAISINS

25 cl de lait entier, 1 œuf + 1 jaune, 50 g de farine, 25 g de beurre, 125 g de sucre, 100 g de raisins secs, 1 gousse de vanille, 10 cl de rhum brun agricole

1. Faire tremper les raisins secs dans le rhum. Filmer, réserver.

2. Porter à ébullition le lait, le beurre et la gousse de vanille fendue en deux et grattée. Laisser tiédir.

3. Mélanger la farine et le sucre. Creuser un puits puis ajouter les œufs. Fouetter énergiquement. Verser le lait filtré. Mélanger afin d'obtenir un appareil homogène. Transvaser la pâte dans une bouteille et laisser reposer 24 heures au frais.

4. Le lendemain, préchauffer le four à 210 °C. Sortir la bouteille de pâte, y ajouter la moitié ou la totalité du rhum des raisins secs, puis secouer. Poser le moule sur une plaque et y répartir les raisins secs. Remplir les alvéoles d'appareil en laissant un bord de 5 mm. Enfourner pour 40-45 minutes. Laisser 5 à 10 minutes de plus pour une cuisson plus caramélisée.

POUR ENVIRON 20 MINI CANNELÉS — PRÉPARATION 15 MINUTES — CUISSON 40-45 MINUTES — REPOS 1 NUIT

ORANGE-GRAND MARNIER

25 cl de lait entier, 1 œuf + 1 jaune, 50 g de farine, 25 g de beurre, 125 g de sucre, 2 oranges non traitées, 1 gousse de vanille, 5 cl de Grand Marnier

1. Prélever le zeste des oranges, réserver. Extraire le jus et faire réduire de moitié sur feu doux. Réserver.

2. Porter à ébullition le lait, le beurre et la vanille fendue en deux et grattée. Laisser tiédir.

3. Mélanger la farine et le sucre. Creuser un puits, puis ajouter les œufs, l'alcool, le jus d'orange réduit et les zestes. Fouetter énergiquement. Verser le lait filtré. Mélanger afin d'obtenir un appareil homogène. Transvaser la pâte dans une bouteille et laisser reposer 24 heures au frais.

4. Le lendemain, préchauffer le four à 210 °C. Sortir la bouteille de pâte et la secouer. Poser le moule sur une plaque et remplir les alvéoles d'appareil en laissant un bord de 5 mm. Enfourner pour environ 40-45 minutes. Laisser 5 à 10 minutes de plus pour une cuisson plus caramélisée.

AU GOÛTER

POUR ENVIRON 20 MINI CANNELÉS — PRÉPARATION 15 MINUTES — CUISSON 40-45 MINUTES — REPOS 1 NUIT

THÉ EARL GREY

25 cl de lait entier, 1 œuf + 1 jaune, 50 g de farine, 25 g de beurre, 125 g de sucre, 1 grosse cuillère à soupe de thé earl grey en feuilles

1. Porter à ébullition le lait, le beurre et le thé. Retirer du feu, laisser infuser.

2. Dans un saladier, mélanger la farine et le sucre. Creuser un puits et ajouter l'œuf entier et le jaune d'œuf. Fouetter énergiquement. Verser ensuite le lait au thé filtré. Mélanger à nouveau de façon à obtenir un appareil homogène, sans grumeaux. Transvaser la pâte dans une bouteille et laisser reposer 24 heures au réfrigérateur.

3. Le lendemain, préchauffer le four à 210 °C. Sortir la bouteille de pâte et la secouer. Poser le moule sur une plaque et remplir les alvéoles d'appareil en laissant un bord de 5 mm.

4. Enfourner pour environ 40-45 minutes. Laisser 5 à 10 minutes de plus pour une cuisson plus caramélisée. Démouler les cannelés encore chauds et les laisser refroidir sur une grille.

POUR ENVIRON 20 MINI CANNELÉS — PRÉPARATION 15 MINUTES — CUISSON 40-45 MINUTES — REPOS 1 NUIT

CAFÉ

25 cl de lait entier, 1 œuf + 1 jaune, 50 g de farine, 25 g de beurre, 125 g de sucre, 3 cuillères à soupe d'extrait de café (Vahiné ou Trablit) ou de café instantané, 2 cl de rhum ou de whisky (facultatif)

1. Porter à ébullition le lait et le beurre. Retirer du feu, puis délayer l'extrait de café au fouet. Laisser tiédir.

2. Dans un saladier, mélanger la farine et le sucre. Creuser un puits et ajouter l'œuf entier, le jaune d'œuf et l'alcool. Fouetter énergiquement. Verser ensuite le lait au café. Mélanger à nouveau de façon à obtenir un appareil homogène, sans grumeaux. Transvaser la pâte dans une bouteille et laisser reposer 24 heures au réfrigérateur.

3. Le lendemain, préchauffer le four à 210 °C. Sortir la bouteille de pâte et la secouer. Poser le moule sur une plaque et remplir les alvéoles d'appareil en laissant un bord de 5 mm.

4. Enfourner pour environ 40-45 minutes. Démouler les cannelés encore chauds et les laisser refroidir sur une grille.

On peut remplacer l'extrait de café par du café instantané que l'on diluera dans le lait chaud. Goûter et ajuster la quantité de café selon le goût, sachant que les arômes s'estompent légèrement après la longue cuisson.

POUR ENVIRON 40 MINI FINANCIERS — PRÉPARATION 25 MINUTES — CUISSON 12 MINUTES

FINANCIER AMANDE-VANILLE

LE CLASSIQUE

125 g de blancs d'œufs
(environ 4 petits œufs)
150 g de sucre glace
125 g de beurre
50 g de poudre d'amandes
50 g de farine
2 gousses de vanille
40 amandes (facultatif)

PRÉAMBULE

1. Faire fondre le beurre et le laisser chauffer sur feu moyen jusqu'à ce qu'il devienne noisette. Filtrer et laisser tiédir.

2. Préchauffer le four à 210 °C.

LA PÂTE

3. Tamiser ensemble le sucre glace, la poudre d'amandes et la farine. Ajouter les graines des gousses de vanille.

4. Incorporer petit à petit les blancs d'œufs dans le mélange des poudres en fouettant au batteur électrique.

5. Verser ensuite le beurre noisette à peine tiède tout en continuant de fouetter. Arrêter dès que le beurre est incorporé. Plus on fouette et plus les financiers seront secs.

CUISSON

6. Verser l'appareil dans une poche à douille, ou utiliser une cuillère, et remplir presqu'à hauteur les alvéoles du moule, préalablement posé sur une plaque de cuisson. Déposer une amande sur chaque financier en appuyant légèrement.

7. Enfourner pour environ 10-12 minutes. Les financiers sont cuits lorsqu'ils sont bien dorés. Attendre 5 minutes avant de les démouler, puis les laisser refroidir sur une grille.

Conserver les financiers dans une boîte en fer afin de garder leur côté croustillant à l'extérieur et fondant à l'intérieur.

FINANCIER NOISETTE

125 g de blancs d'œufs
(environ 4 petits œufs)
150 g de sucre glace
125 g de beurre
50 g de poudre de noisettes
50 g de farine
1 gousse de vanille
40 noisettes décortiquées (50 g)
(facultatif)

PRÉAMBULE

1. Faire fondre le beurre et le laisser chauffer sur feu moyen jusqu'à ce qu'il devienne noisette. Filtrer et laisser tiédir.

2. Préchauffer le four à 210 °C.

3. Verser la poudre de noisettes dans un plat et la passer au four préchauffé à 160 °C pendant 10 minutes, juste le temps de la torréfier pour qu'elle développe tous ses arômes. Laisser refroidir.

LA PÂTE

4. Tamiser ensemble le sucre glace, la poudre de noisettes refroidie et la farine. Ajouter les graines de la gousse de vanille.

5. Incorporer petit à petit les blancs d'œufs dans le mélange des poudres en fouettant au batteur électrique.

6. Verser ensuite le beurre noisette à peine tiède tout en continuant à fouetter. Arrêter dès que le beurre est incorporé.

CUISSON

7. Verser l'appareil dans une poche à douille, ou utiliser une cuillère, et remplir presqu'à hauteur les alvéoles du moule, préalablement posé sur une plaque de cuisson. Déposer des noisettes grossièrement concassées sur chaque financier en appuyant légèrement.

8. Enfourner pour environ 10-12 minutes. Les financiers sont cuits lorsqu'ils sont bien dorés. Attendre 5 minutes avant de les démouler, puis les laisser refroidir sur une grille.

POUR ENVIRON 40 MINI FINANCIERS — PRÉPARATION 25 MINUTES — CUISSON 12 MINUTES

CHOCOLAT NOIR

110 g de blancs d'œufs
(environ 3 œufs moyens)
80 g de sucre glace
70 g de beurre
40 g de poudre d'amandes
40 g de farine
15 cl de crème liquide
150 g de chocolat noir

PRÉAMBULE

1. Faire fondre le beurre et laisser chauffer sur feu moyen jusqu'à ce qu'il devienne noisette. Filtrer et laisser tiédir.

2. Préchauffer le four à 180 °C.

3. Porter à ébullition la crème liquide puis la verser sur le chocolat grossièrement haché. Attendre 2 minutes puis mélanger de façon à obtenir une ganache bien lisse. Réserver.

LA PÂTE

4. Tamiser ensemble le sucre glace, la poudre d'amandes et la farine.

5. Incorporer petit à petit les blancs d'œufs dans le mélange des poudres en fouettant au batteur électrique.

6. Verser ensuite le beurre noisette à peine tiède tout en continuant à fouetter.

7. Ajouter ensuite la ganache et mélanger jusqu'à ce que l'appareil soit bien homogène.

CUISSON

8. Verser l'appareil dans une poche à douille ou utiliser une cuillère pour remplir presqu'à hauteur les alvéoles du moule, préalablement posé sur une plaque de cuisson.

9. Enfourner pour environ 10-12 minutes. Attendre 5 minutes avant de démouler les financiers, puis les laisser refroidir sur une grille.

Pour vérifier la cuisson des financiers au chocolat (ils ne dorent pas !), il suffit juste de s'assurer que la surface n'est plus collante.

POUR ENVIRON 40 MINI FINANCIERS – PRÉPARATION 25 MINUTES – CUISSON 12 MINUTES

CAFÉ

125 g de blancs d'œufs
(environ 4 petits œufs)
150 g de sucre glace
125 g de beurre
50 g de poudre d'amandes
50 g de farine
1 cuillère à soupe d'extrait de café
ou 1 grosse cuillère à soupe de café
lyophilisé dilué dans 1 cuillère à soupe
d'eau chaude

PRÉAMBULE

1. Faire fondre le beurre et laisser chauffer sur feu moyen jusqu'à ce qu'il devienne noisette. Filtrer et laisser tiédir.
2. Préchauffer le four à 210 °C.

LA PÂTE

3. Tamiser ensemble le sucre glace, la poudre d'amandes et la farine.
4. Incorporer ensuite petit à petit les blancs d'œufs dans le mélange des poudres en fouettant au batteur électrique.
5. Verser le beurre noisette à peine tiède tout en continuant à fouetter. Arrêter dès que le beurre est incorporé.
6. Incorporer l'extrait de café, puis bien mélanger.

CUISSON

7. Verser l'appareil dans une poche à douille, ou utiliser une cuillère, et remplir presqu'à hauteur les alvéoles du moule.
8. Enfourner pour 10-12 minutes. Les financiers sont cuits lorsque les bords commencent à dorer. Attendre 5 minutes avant de les démouler, puis les laisser refroidir sur une grille.

POUR ENVIRON 40 MINI FINANCIERS — PRÉPARATION 25 MINUTES — REPOS 20 MINUTES — CUISSON 12 MINUTES

MARBRÉ

125 g de blancs d'œufs
(environ 4 petits œufs)
150 g de sucre glace
125 g de beurre
50 g de poudre d'amandes
50 g de farine
2 gousses de vanille
1 petite cuillère à soupe de cacao
1 petite cuillère à café de pâte de pistaches (dans les épiceries spécialisées ou sur Internet)

PRÉAMBULE

1. Faire fondre le beurre et laisser chauffer sur feu moyen jusqu'à ce qu'il devienne noisette. Filtrer et laisser tiédir.

LES PÂTES

2. Tamiser ensemble le sucre glace, la poudre d'amandes et la farine. Ajouter les graines des gousses de vanille.
3. Incorporer petit à petit les blancs d'œufs dans le mélange des poudres en fouettant au batteur électrique.
4. Verser ensuite le beurre noisette à peine tiède tout en continuant à fouetter. Arrêter dès que le beurre est incorporé.
5. Séparer la pâte en trois. En parfumer une portion avec le cacao, une autre avec la pâte de pistaches, et garder la troisième nature. Bien mélanger les pâtes parfumées. Si elles ne semblent pas assez colorées, accentuer en rajoutant un peu plus de cacao ou de pâte de pistaches. Transvaser les trois pâtes dans trois poches à douille et laisser reposer au frais 20 minutes.

CUISSON

6. Préchauffer le four à 210 °C.
7. Poser le moule en silicone sur une plaque de cuisson. Sortir les poches, couper chaque extrémité et remplir les alvéoles presqu'à hauteur en alternant les parfums : vanille/chocolat, vanille/pistache, chocolat/pistache.
8. Enfourner pour environ 10-12 minutes. Les financiers sont cuits lorsque les bords commencent à dorer. Attendre 5 minutes avant de les démouler, puis les laisser refroidir sur une grille.

POUR ENVIRON 40 MINI FINANCIERS — PRÉPARATION 25 MINUTES — CUISSON 12 MINUTES

PRALIN-GAVOTTES

125 g de blancs d'œufs
(environ 4 petits œufs)
120 g de sucre glace
125 g de beurre
50 g de poudre d'amandes
50 g de farine
1 gousse de vanille
50 g + 20 g de pralin
2 sachets de Gavottes (= 4 biscuits)

PRÉAMBULE

1. Faire fondre le beurre et laisser chauffer sur feu moyen jusqu'à ce qu'il devienne noisette. Filtrer et laisser tiédir.
2. Préchauffer le four à 210 °C.

LA PÂTE

3. Tamiser ensemble le sucre glace, la poudre d'amandes et la farine. Ajouter les graines de la gousse de vanille.
4. Incorporer petit à petit les blancs d'œufs dans le mélange des poudres en fouettant au batteur électrique.
5. Verser ensuite le beurre noisette à peine tiède tout en continuant à fouetter. Arrêter dès que le beurre est incorporé.
6. Ajouter ensuite 50 g de pralin à la pâte et bien mélanger.

CUISSON

7. Verser l'appareil dans une poche à douille, ou utiliser une cuillère, et remplir presqu'à hauteur les alvéoles du moule, préalablement posé sur une plaque de cuisson.
8. Parsemer la moitié des financiers de pralin et l'autre moitié de Gavottes grossièrement écrasées.
9. Enfourner pour environ 10-12 minutes. Les financiers sont cuits lorsqu'ils sont bien dorés. Attendre 5 minutes avant de les démouler, puis les laisser refroidir sur une grille.

Il est préférable de consommer les financiers aux Gavottes le jour même. Ensuite, ils perdront un peu de leur croustillant.

POUR ENVIRON 40 MINI FINANCIERS — PRÉPARATION 25 MINUTES — CUISSON 12 MINUTES

PISTACHE

125 g de blancs d'œufs
(environ 4 petits œufs)
150 g de sucre glace
125 g de beurre
50 g de poudre d'amandes
50 g de farine
1 gousse de vanille
1 cuillère à café de pâte de pistaches
(dans les épiceries spécialisées
ou sur Internet)
1 poignée de pistaches émondées
(facultatif)

PRÉAMBULE

1. Faire fondre le beurre et laisser chauffer sur feu moyen jusqu'à ce qu'il devienne noisette. Filtrer et laisser tiédir.

2. Préchauffer le four à 210 °C.

LA PÂTE

3. Tamiser ensemble le sucre glace, la poudre d'amandes et la farine. Ajouter les graines de la gousse de vanille.

4. Incorporer petit à petit les blancs d'œufs dans le mélange des poudres en fouettant au batteur électrique.

5. Verser ensuite le beurre noisette à peine tiède tout en continuant à fouetter. Arrêter dès que le beurre est incorporé.

6. Ajouter la pâte de pistaches et mélanger à la spatule. Ajuster la quantité de pâte de pistaches selon les goûts.

CUISSON

7. Verser l'appareil dans une poche à douille, ou utiliser une cuillère, et remplir presqu'à hauteur les alvéoles du moule, préalablement posé sur une plaque de cuisson. Déposer des pistaches émondées sur chaque financier en appuyant légèrement.

8. Enfourner pour environ 8-12 minutes. Les financiers sont cuits lorsqu'ils commencent à dorer sur les bords. Si l'on veut conserver la couleur, arrêter la cuisson au bout de 8-10 minutes. Si on les veut plus croustillants, prolonger la cuisson de 2 minutes. Attendre 5 minutes avant de démouler les financiers, puis les laisser refroidir sur une grille.

POUR ENVIRON 40 MINI FINANCIERS – PRÉPARATION 25 MINUTES – CUISSON 12 MINUTES

MENDIANT

125 g de blancs d'œufs
(environ 4 petits œufs)
130 g de sucre glace
125 g de beurre
50 g de poudre d'amandes
50 g de farine
1 gousse de vanille
20 grandes écorces d'oranges confites, coupées en deux
20 noisettes (25 g), coupées en deux
20 amandes (25 g), coupées en deux dans le sens de la longueur
40 raisins secs (15 g)
40 pistaches émondées (15 g)

PRÉAMBULE

1. Faire fondre le beurre et laisser chauffer sur feu moyen jusqu'à ce qu'il devienne noisette. Filtrer et laisser tiédir.
2. Préchauffer le four à 210 °C.

LA PÂTE

3. Tamiser ensemble le sucre glace, la poudre d'amandes et la farine. Ajouter les graines de la gousse de vanille.
4. Incorporer petit à petit les blancs d'œufs dans le mélange des poudres en fouettant au batteur électrique.
5. Verser ensuite le beurre noisette à peine tiède tout en continuant à fouetter. Arrêter dès que le beurre est incorporé.

CUISSON

6. Verser l'appareil dans une poche à douille, ou utiliser une cuillère, et remplir presqu'à hauteur les alvéoles du moule, préalablement posé sur une plaque de cuisson. Déposer sur chaque financier une demi-amande, une demi-noisette, une demi-écorce d'orange confite, un raisin sec et une pistache.
7. Enfourner pour environ 10-12 minutes. Les financiers sont cuits lorsqu'ils sont bien dorés. Attendre 5 minutes avant de les démouler, puis les laisser refroidir sur une grille.

POUR ENVIRON 40 MINI FINANCIERS — PRÉPARATION 25 MINUTES — CUISSON 12 MINUTES

FRUITS ROUGES

125 g de blancs d'œufs
(environ 4 petits œufs)
150 g de sucre glace
125 g de beurre
50 g de poudre d'amandes
50 g de farine
2 gousses de vanille
150 g d'un mélange de fruits rouges
frais ou surgelés (framboises, mûres,
myrtilles, groseilles)

PRÉAMBULE

1. Faire fondre le beurre et laisser chauffer sur feu moyen jusqu'à ce qu'il devienne noisette. Filtrer et laisser tiédir.

2. Préchauffer le four à 210 °C.

LA PÂTE

3. Tamiser ensemble le sucre glace, la poudre d'amandes et la farine. Ajouter les graines des gousses de vanille.

4. Incorporer petit à petit les blancs d'œufs dans le mélange des poudres en fouettant au batteur électrique.

5. Verser ensuite le beurre noisette à peine tiède tout en continuant à fouetter. Arrêter dès que le beurre est incorporé.

CUISSON

6. Verser l'appareil dans une poche à douille, ou utiliser une cuillère, et remplir presqu'à hauteur les alvéoles du moule, préalablement posé sur une plaque de cuisson. Déposer sur chaque financier une framboise, une mûre, ou un peu de tout.

7. Enfourner pour environ 10-12 minutes. Les financiers sont cuits lorsque les bords sont bien dorés. Attendre 5 minutes avant de les démouler, puis les laisser refroidir sur une grille.

merci - merci

ORANGE-PAVOT

125 g de blancs d'œufs (environ 4 petits œufs)
150 g de sucre glace
125 g de beurre
50 g de poudre d'amandes
50 g de farine
2 oranges
1 grosse cuillère à soupe de graines de pavot

PRÉAMBULE

1. Faire fondre le beurre et laisser chauffer sur feu moyen jusqu'à ce qu'il devienne noisette. Filtrer et laisser tiédir.
2. Préchauffer le four à 210 °C.
3. Prélever le zeste de 1 orange, réserver. Presser le jus des 2 oranges et faire réduire de moitié sur feu doux.

LA PÂTE

4. Tamiser ensemble le sucre glace, la poudre d'amandes et la farine. Ajouter le zeste de l'orange.
5. Incorporer petit à petit les blancs d'œufs dans le mélange des poudres en fouettant au batteur électrique.
6. Verser ensuite le beurre noisette à peine tiède tout en continuant à fouetter. Ajouter le jus d'orange réduit et les graines de pavot. Bien mélanger.

CUISSON

7. Verser l'appareil dans une poche à douille, ou utiliser une cuillère, et remplir presqu'à hauteur les alvéoles du moule, préalablement posé sur une plaque de cuisson.
8. Enfourner pour environ 10-12 minutes. Les financiers sont cuits lorsque les bords sont bien dorés. Attendre 5 minutes avant de les démouler, puis les laisser refroidir sur une grille.

POUR ENVIRON 40 MINI FINANCIERS — PRÉPARATION 25 MINUTES — CUISSON 12 MINUTES

MYRTILLES-CITRON

125 g de blancs d'œufs
(environ 4 petits œufs)
150 g de sucre glace
125 g de beurre
50 g de poudre d'amandes
50 g de farine
1 citron
100 g de petites myrtilles
(fraîches ou surgelées)

PRÉAMBULE

1. Faire fondre le beurre et laisser chauffer sur feu moyen jusqu'à ce qu'il devienne noisette. Filtrer et laisser tiédir.

2. Préchauffer le four à 210 °C.

LA PÂTE

3. Tamiser ensemble le sucre glace, la poudre d'amandes et la farine. Ajouter le zeste du citron et le jus d'un quart du citron.

4. Incorporer petit à petit les blancs d'œufs dans le mélange des poudres en fouettant au batteur électrique.

5. Verser ensuite le beurre noisette à peine tiède tout en continuant à fouetter. Arrêter dès que le beurre est incorporé.

CUISSON

6. Verser l'appareil dans une poche à douille, ou utiliser une cuillère, et remplir presqu'à hauteur les alvéoles du moule, préalablement posé sur une plaque de cuisson. Déposer des myrtilles sur chaque financier (s'il s'agit de myrtilles surgelées, il n'est pas nécessaire de les décongeler au préalable).

7. Enfourner pour environ 10-12 minutes. Les financiers sont cuits lorsque les bords sont bien dorés. Attendre 5 minutes avant de démouler les financiers, puis les laisser refroidir sur une grille.

POUR ENVIRON 40 MINI FINANCIERS — PRÉPARATION 25 MINUTES — CUISSON 12 MINUTES

PIGNONS-FLEUR D'ORANGER

125 g de blancs d'œufs
(environ 4 petits œufs)
150 g de sucre glace
125 g de beurre
50 g de poudre d'amandes
50 g de farine
50 g de pignons de pin
3 cuillères à soupe d'eau de fleur d'oranger

PRÉAMBULE

1. Faire fondre le beurre et laisser chauffer sur feu moyen jusqu'à ce qu'il devienne noisette. Filtrer et laisser tiédir.

2. Préchauffer le four à 210 °C.

LA PÂTE

3. Tamiser ensemble le sucre glace, la poudre d'amandes et la farine.

4. Incorporer petit à petit les blancs d'œufs dans le mélange des poudres en fouettant au batteur électrique.

5. Verser ensuite le beurre noisette à peine tiède tout en continuant à fouetter. Ajouter l'eau de fleur d'oranger et bien mélanger.

CUISSON

6. Verser l'appareil dans une poche à douille, ou utiliser une cuillère, et remplir presqu'à hauteur les alvéoles du moule, préalablement posé sur une plaque de cuisson. Parsemer chaque financier de pignons de pin.

7. Enfourner pour environ 10-12 minutes. Les financiers sont cuits lorsqu'ils sont bien dorés. Attendre 5 minutes avant de les démouler, puis les laisser refroidir sur une grille.

POUR ENVIRON 40 MINI FINANCIERS — PRÉPARATION 25 MINUTES — CUISSON 12 MINUTES

ABRICOT-HUILE D'OLIVE

125 g de blancs d'œufs
(environ 4 petits œufs)
150 g de sucre glace
12 cl d'huile d'olive
50 g de poudre d'amandes
50 g de farine
1 boîte d'oreillons d'abricot au sirop
(environ 240 g net)

PRÉAMBULE

1. Préchauffer le four à 210 °C.
2. Couper chaque oreillon d'abricot en 3 ou en 4 quartiers.

LA PÂTE

3. Tamiser ensemble le sucre glace, la poudre d'amandes et la farine.
4. Incorporer petit à petit les blancs d'œufs dans le mélange des poudres en fouettant au batteur électrique.
5. Verser ensuite l'huile d'olive tout en continuant à fouetter. Arrêter dès que l'huile est incorporée.

CUISSON

6. Verser l'appareil dans une poche à douille, ou utiliser une cuillère, et remplir presqu'à hauteur les alvéoles du moule en silicone, préalablement posé sur une plaque de cuisson. Déposer un morceau d'abricot sur chaque financier.
7. Enfourner pour environ 10-12 minutes. Les financiers sont cuits lorsqu'ils sont bien dorés. Attendre 5 minutes avant de les démouler, puis les laisser refroidir sur une grille.

On peut décorer les financiers de pistaches émondées.

CONFITURE

125 g de blancs d'œufs (environ 4 petits œufs), 150 g de sucre glace, 125 g de beurre, 50 g de poudre d'amandes, 50 g de farine, 1 gousse de vanille

Réaliser l'appareil à financiers classique en suivant la recette de la page 36. Diviser la pâte en deux.

PISTACHE-FRAMBOISE

½ appareil à financiers vanille, 1 cuillère à café de pâte de pistaches, 1 cuillère à soupe de confiture de framboises, 1 cuillère à soupe de pistaches émondées (facultatif)

1. Incorporer la pâte de pistaches à l'appareil. Bien mélanger.

2. Verser la pâte dans une poche à douille et remplir presqu'à hauteur les alvéoles du moule, préalablement posé sur une plaque. Déposer ensuite, avec une petite cuillère, un peu de confiture de framboises. Parsemer de pistaches émondées si l'on aime.

3. Enfourner à 210 °C pour environ 10-12 minutes. Les financiers sont cuits lorsque les bords sont bien dorés. Attendre 5 minutes avant de les démouler.

AMANDE-ABRICOT/MÛRE/FIGUE

½ appareil à financiers vanille, 1 cuillère à soupe de confiture d'abricots, 1 cuillère à soupe de confiture de mûres, 1 cuillère à soupe de confiture de figues, 1 cuillère à soupe d'amandes concassées (facultatif)

1. Verser l'appareil vanille dans une poche à douille et remplir presqu'à hauteur les alvéoles du moule, préalablement posé sur une plaque.

2. À l'aide d'une petite cuillère, déposer ensuite un peu de confiture sur chaque financier, en alternant les parfums : abricots, mûres, figues. Décorer d'amandes concassées.

3. Enfourner à 210 °C pour environ 10-12 minutes. Les financiers sont cuits lorsque les bords sont bien dorés. Attendre 5 minutes avant de les démouler.

LA COLLEC TOUT CHOCO

POUR ENVIRON 40 MINI FINANCIERS — PRÉPARATION 25 MINUTES — CUISSON 12 MINUTES

125 g de blancs d'œufs (environ 4 petits œufs), 130 g de sucre glace, 125 g de beurre, 50 g de poudre d'amandes, 50 g de farine complète (ou blanche), 2 gousses de vanille

Réaliser l'appareil à financiers classique en suivant la recette de la page 36. Diviser la pâte en deux.

FINANCIER PÉPITES

½ appareil à financiers vanille, 80 g de pépites de chocolat

1. Ajouter 50 g de pépites à la pâte et mélanger.
2. Remplir presqu'à hauteur les alvéoles du moule, préalablement posé sur une plaque. Parsemer des pépites restantes et enfourner pour 10-12 minutes à 210 °C.

FINANCIER TOUT CHOCO

½ appareil à financiers vanille, 1 cuillère à soupe de cacao, 100 g de chocolat noir haché, 120 g de crème liquide

1. Parfumer la pâte avec le cacao. Bien mélanger.
2. Remplir presqu'à hauteur les alvéoles du moule, préalablement posé sur une plaque. Enfourner pour 10-12 minutes à 210 °C.
3. Porter la crème à ébullition. La verser sur le chocolat. Attendre 2 minutes, mélanger pour obtenir une ganache lisse. Laisser tiédir.
4. À l'aide d'une fourchette, tremper les financiers froids dans le glaçage de manière à les enrober totalement.
5. Déposer les financiers sur une plaque munie d'un papier sulfurisé et entreposer au frais.

POUR ENVIRON 20 MINI CANNELÉS — PRÉPARATION 15 MINUTES — CUISSON 45 MINUTES — REPOS 1 NUIT

CANNELÉ CHOCOLAT BLANC

25 cl de lait entier, 1 œuf + 1 jaune, 50 g de farine, 25 g de beurre, 70 g de sucre, 80 g de chocolat blanc haché, 1 gousse de vanille

1. Porter à ébullition le lait, le beurre et la gousse de vanille fendue en deux et grattée. Retirer du feu, ôter la gousse et ajouter le chocolat blanc haché. Laisser reposer 2 minutes puis fouetter.
2. Mélanger la farine et le sucre. Creuser un puits et ajouter l'œuf entier et le jaune d'œuf. Fouetter énergiquement. Verser ensuite le lait au chocolat. Mélanger à nouveau de façon à obtenir un appareil homogène. Transvaser la pâte dans une bouteille et laisser reposer 24 heures au réfrigérateur.
3. Le lendemain, préchauffer le four à 210 °C. Sortir la bouteille de pâte et la secouer. Poser le moule sur une plaque et remplir les alvéoles d'appareil en laissant un bord de 5 mm. Enfourner pour 40-45 minutes. Démouler les cannelés encore chauds et les laisser refroidir sur une grille.

POUR ENVIRON 25 BOUCHÉES — PRÉPARATION 10 MINUTES — REPOS 20 MINUTES

MINI CRUNCH

100 g chocolat au lait haché, 40 g de Rice Krispies

1. Faire fondre le chocolat au micro-ondes. Mélanger à l'aide d'une cuillère pour obtenir une texture bien lisse et homogène, puis ajouter les Rice Krispies. Bien mélanger.
2. Avec 2 petites cuillères, faire des petits tas de riz soufflés. Déposer sur une assiette ou une plaque munie d'un papier sulfurisé. Laisser durcir au frais pendant 20 minutes.

JAPANESE TEA TIME

POUR ENVIRON 40 MINI FINANCIERS — PRÉPARATION 25 MINUTES — CUISSON 12 MINUTES

125 g de blancs d'œufs (environ 4 petits œufs), 150 g de sucre glace, 125 g de beurre, 50 g de poudre d'amandes, 50 g de farine, 2 gousses de vanille

Réaliser l'appareil à financiers classique en suivant la recette de la page 36. Diviser la pâte en deux.

FINANCIER SÉSAME NOIR-AZUKI

½ appareil à financiers vanille, 15 g de pâte de sésame noir (dans les épiceries japonaises ou sur Internet), 2 cuillères à soupe d'azuki

1. Parfumer l'appareil avec la pâte de sésame noir. Bien mélanger.
2. Remplir presqu'à hauteur les alvéoles du moule. Garnir ensuite chaque financier d'un peu d'azuki.
3. Enfourner pour 10-12 minutes à 210 °C.

FINANCIER MATCHA-SÉSAME

½ appareil à financiers vanille, 1 cuillère à soupe de thé matcha, 1 cuillère à soupe de graines de sésame blanc, 1 cuillère à soupe de graines de sésame noir

1. Incorporer le matcha à l'appareil, puis bien mélanger.
2. Remplir presqu'à hauteur les alvéoles du moule. Parsemer chaque financier du mélange des graines de sésame.
3. Enfourner pour 10-12 minutes à 210 °C.

POUR ENVIRON 20 MINI CANNELÉS — PRÉPARATION 15 MINUTES — CUISSON 45 MINUTES — REPOS 1 NUIT

CANNELÉ LAIT DE SOJA

FARINE DE RIZ

25 cl de lait de soja, 1 œuf + 1 jaune, 60 g de farine de riz, 40 g de beurre, 125 g de sucre, 1 gousse de vanille, 5 cl de rhum brun agricole

1. Porter à ébullition le lait de soja, le beurre et la gousse de vanille fendue en deux et grattée. Laisser tiédir.
2. Mélanger la farine de riz et le sucre. Creuser un puits et ajouter l'œuf entier, le jaune d'œuf et le rhum. Fouetter énergiquement. Verser le lait de soja filtré. Mélanger de façon à obtenir un appareil homogène. Transvaser la pâte dans une bouteille et laisser reposer 24 heures au réfrigérateur.
3. Le lendemain, préchauffer le four à 210 °C. Sortir la bouteille de pâte et la secouer. Poser le moule sur une plaque et remplir les alvéoles d'appareil en laissant un bord de 5 mm. Enfourner pour environ 45 minutes. Laisser 5 à 10 minutes de plus pour une cuisson plus caramélisée.

POUR ENVIRON 6 PETITES CRÈMES — PRÉPARATION 5 MINUTES

CRÈME MASCARPONE-TOFU

CERISE AMARENA

120 g de mascarpone, 80 g de tofu soyeux, 25 g de sucre glace, 12 cerises amarena avec le sirop

1. Fouetter le mascarpone, le tofu soyeux et le sucre glace. Dès que la crème est lisse, la verser dans des petits pots ou des ramequins.
2. Répartir les cerises et servir avec le sirop.

COMME DES BONBONS

POUR ENVIRON 40 MINI FINANCIERS — PRÉPARATION 25 MINUTES — CUISSON 12 MINUTES

125 g de blancs d'œufs (environ 4 petits œufs), 150 g de sucre glace, 125 g de beurre, 50 g de poudre d'amandes, 50 g de farine

Réaliser l'appareil à financiers classique en suivant la recette de la page 36. Diviser la pâte en deux.

FINANCIER À LA VIOLETTE

½ appareil à financiers vanille, 2 gouttes d'arôme violette, quelques gouttes de colorant rouge et bleu, quelques pétales de violettes

1. Parfumer l'appareil à financiers avec l'arôme violette. Ajouter les colorants afin d'obtenir une jolie couleur violette.
2. Remplir presqu'à hauteur les alvéoles du moule. Enfourner à 210 °C pour 10-12 minutes. Décorer avec des pétales de violette.

FINANCIER AU LEMON CURD

½ appareil à financiers vanille, 40 g de lemon curd, quelques gouttes de colorant jaune (facultatif)

1. Incorporer le lemon curd et quelques gouttes de colorant jaune à l'appareil, puis bien mélanger.
2. Remplir presqu'à hauteur les alvéoles du moule. Enfourner à 210 °C pour 10-12 minutes.

POUR ENVIRON 20 MINI CANNELÉS — PRÉPARATION 15 MINUTES — CUISSON 40 MINUTES — REPOS 1 NUIT

CANNELÉ FRAISES TAGADA

25 cl de lait entier, 1 œuf + 1 jaune, 50 g de farine, 25 g de sucre, 100 g de fraises Tagada, quelques gouttes de colorant rose (facultatif)

1. Porter le lait à ébullition. Ajouter les fraises Tagada. Dès qu'elles commencent à fondre, retirer du feu et mixer. Ajouter du colorant rose si besoin.
2. Mélanger la farine et le sucre. Creuser un puits et ajouter les œufs. Fouetter. Verser le lait à la fraise. Transvaser la pâte dans une bouteille et laisser reposer 24 heures au frais.
3. Le lendemain, sortir la bouteille de pâte et la secouer. Remplir les alvéoles d'appareil. Enfourner pour 40 minutes à 210 °C.

POUR ENVIRON 20 MINI CANNELÉS — PRÉPARATION 15 MINUTES — CUISSON 40 MINUTES — REPOS 1 NUIT

CANNELÉ CHOCO-SMARTIES

25 cl de lait entier, 1 œuf + 1 jaune, 50 g de farine, 25 g de beurre, 60 g de sucre, 50 g de chocolat au lait, 2 tubes de Smarties (38 g)

1. Porter le lait et le beurre à ébullition. Retirer du feu et ajouter le chocolat et 1 tube de Smarties grossièrement hachés. Laisser reposer 2 minutes puis fouetter doucement. Laisser tiédir.
2. Mélanger la farine et le sucre. Creuser un puits et ajouter les œufs. Fouetter. Verser le lait filtré. Bien mélanger. Transvaser la pâte dans une bouteille et laisser reposer au frais 24 heures.
3. Le lendemain, sortir la bouteille de pâte et la secouer. Remplir les alvéoles d'appareil. Enfourner pour 40 minutes à 210 °C.

OPTION GOURMANDE : du chocolat fondu et des Smarties dans le creux des cannelés.

MARIE-ANTOINETTE

POUR 20 MINI TARTELETTES – PRÉPARATION 15 MINUTES (HORS FINANCIERS)

FINANCIER TARTELETTE

20 mini financiers pistache (recette p. 48) ou amande (recette p. 36), 80 g de mascarpone, 80 g de crème liquide, 15 g de sucre glace, 1 cuillère à café de pâte de pistaches, 1 barquette de petites fraises, 1 barquette de framboises,1 barquette de groseilles, 1 barquette de myrtilles (facultatif)

1. Fouetter au batteur électrique le mascarpone, la crème, le sucre glace et la pâte de pistaches. Dès que la crème est montée en chantilly, la transférer dans une poche à douille munie d'un embout cannelé.

2. Garnir chaque financier de crème pistache en faisant des zigzags avec la poche à douille.

3. Surmonter de fraises coupées, de framboises, de myrtilles et de groseilles. Déguster de suite.

POUR 20 MINI TIRAMISU – PRÉPARATION 10 MINUTES (HORS FINANCIERS)

FINANCIER TIRAMISU

20 mini financiers au chocolat (recette p. 40), 125 g de mascarpone, 3 cl de café très fort, 1 morceau de sucre, billes en chocolat (facultatif)

1. Faire fondre le sucre dans le café. Laisser refroidir. Mélanger ensemble au fouet le mascarpone et le café. Transférer dans une poche à douille munie d'un embout cannelé.

2. Garnir chaque financier de crème mascarpone au café en faisant des zigzags avec la poche à douille. Décorer avec des billes de chocolat et déguster de suite.

POUR 20 MINI BABAS – PRÉPARATION 10 MINUTES (HORS CANNELÉS)

CANNELÉ BABA

20 mini cannelés bordelais (recette p. 10, réalisés avec 10 cl de rhum), 15 cl de crème fleurette, 10 g de sucre glace, ½ gousse de vanille, 1 cuillère à soupe de rhum

1. Monter la crème fleurette bien froide en chantilly avec le sucre glace et les graines de la gousse de vanille. Ajouter le rhum. Mélanger.

2. Transférer la crème dans une poche à douille munie d'un embout cannelé et faire des petites rosaces sur les cannelés. Déguster de suite.

SHOPPING

Merci à Pia de chez Ressource, qui a mis toutes les couleurs à notre disposition.

Ressource, marchand de couleurs

62, rue de la Boétie, 75008 Paris
www.ressource-peintures.com

Les céramiques de Patricia Vieljeux chez Talents

1 bis, rue Scribe, 75009 Paris

Merci

111, boulevard Beaumarchais, 75003 Paris
www.merci-merci.com

Le Bon Marché

24, rue de Sèvres, 75004 Paris
www.lebonmarche.com

Mora

www.mora.fr

Marimekko aux Galeries Lafayette Maison

www.galerieslafayette.com

Anne Black aux Galeries Lafayette Maison

www.anneblack.dk

Relecture : Véronique Dussidour et Audrey Génin

Dépôt légal : mars 2011
ISBN 978-2-501-07303-5
4076600/01
Imprimé en Espagne chez Graficas Estella